Ô CANADA !

60 jeux, pas bêtes du tout, pour mieux connaître le Canada

N° 1 : ses paysages et ses animaux

D0580721

Laura

Conception des jeux et textes : **Angèle Delaunois**
Illustrations : **Nathalie Dion**

**ÉDITIONS
PIERRE TISSEYRE**

5757, rue Cypihot, Saint-Laurent (Québec) H4S 1R3
Téléphone : (514) 334-2690 – Télécopieur : (514) 334-8395
http://ed.tisseyre.qc.ca
Courriel : info@ed.tisseyre.qc.ca

Données de catalogage avant publication (Canada)

Delaunois, Angèle

    Ô Canada ! : 60 jeux, pas bêtes du tout, pour mieux connaître le Canada

    Sommaire : no 1. Ses paysages et ses animaux.
    Pour les jeunes de 10 à 12 ans.

    ISBN 2-89051-714-4

    1. Canada - Miscellanées - Ouvrages pour la jeunesse. 2. Jeux -
Ouvrages pour la jeunesse. I. Dion, Nathalie. II. Titre.

FC58.D44 1998   J971'.002   C98-941198-2
F1008.2.D44 1998

Illustrations : Nathalie Dion

Coordination et conception graphique : Brigitte Fortin

Infographie et réalisation technique : Dominique Gagnon
Dessine-moi un mouton

Dépôt légal : 3e trimestre 1998
Bibliothèque nationale du Canada
Bibliothèque nationale du Québec
123456789 IML 98
Copyright © Ottawa, Canada, 1998
Éditions Pierre Tisseyre
ISBN-2-89051-714-4
10930

TABLE DES JEUX

TABLE DES JEUX

Légende :

facile 🦆

moyen 🦆🦆

difficile 🦆🦆🦆

⊕ GÉOGRAPHIE	OBSERVATION	BOTANIQUE	GÉNÉRALITÉS
CALCUL	VOCABULAIRE	SYNTAXE	
ENTOMOLOGIE	LOGIQUE	ARTS PLASTIQUES	
ZOOLOGIE	MÉMOIRE	ORNITHOLOGIE	

À CHACUN SA CAPITALE

*I*l y a treize capitales en tout au Canada : une capitale fédérale, dix capitales provinciales et deux capitales territoriales.

Peux-tu réunir d'un trait la province, le territoire ou le pays à sa capitale ?

1.	Charlottetown...	Territoire du Yukon
2.	Edmonton...	Alberta
3.	Frédéricton...	Colombie-Britannique
4.	Halifax...	Île-du-Prince-Édouard
5.	Ottawa...	Manitoba
6.	Québec...	Territoires du Nord-Ouest
7.	Régina...	Nouvelle-Écosse
8.	Saint-Jean...	Canada
9.	Toronto...	Nouveau-Brunswick
10.	Victoria...	Ontario
11.	Whitehorse...	Québec
12.	Winnipeg...	Saskatchewan
13.	Yellowknife...	Terre-Neuve

CONNAIS-TU LE MONARQUE ?

CALCUL   ENTOMOLOGIE

*I*l est tout léger mais incroyablement résistant. À l'automne, il quitte le Canada pour s'envoler vers le Sud, jusqu'au Mexique, où il se repose tout l'hiver dans une forêt bien cachée. Il porte des couleurs flamboyantes et il est magnifique. On dirait un bijou volant.

Si tu veux en savoir plus, effectue les petits calculs qui suivent. Ensuite, relie les résultats entre eux, du plus petit au plus grand et tu obtiendras la silhouette de l'insecte dont il est question. Ne sors pas ta calculatrice, c'est vraiment trop facile !

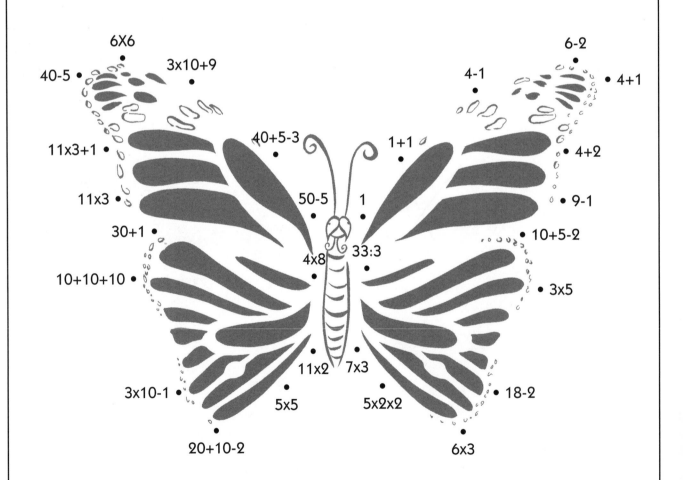

QUEL ANIMAL SE CACHE ICI ?

🐕 ZOOLOGIE   🔭 OBSERVATION

*L*es petites silhouettes suivantes sont très caractéristiques et représentent douze mammifères du Canada. Peux-tu les identifier et trouver à quel animal elles appartiennent ? Écris le nom de l'animal à côté du numéro correspondant.

1 <u>Le porc-épic</u>   2 _____   3 <u>Loup</u>   4 <u>raton-laveur</u>

5 _____   6 _____   7 _____   8 <u>castor</u>

9 _____   10 <u>l'écureuil roux</u> 11 _____   12 _____

ANIMAUX À RECONNAÎTRE :

l'antilope d'Amérique • le bison • le castor • le cerf de Virginie • l'écureuil roux • le lièvre d'Amérique • le loup • la marmotte commune • la moufette rayée • le mouflon d'Amérique • le porc-épic • le raton-laveur

LA MAISON AUX PIGNONS VERTS

 OBSERVATION

*L*ucy-Maud Montgomery (1874-1942) a vécu dans l'île du Prince-Édouard. Elle a écrit de très nombreux romans dont le célèbre « Anne, la Maison aux Pignons verts » qui a été traduit dans le monde entier. On a reconstitué cette maison et on peut la visiter dans l'île du Prince-Édouard. Dans ce dessin qui la représente, essaie de retrouver les treize objets suivants : un coquetier, un chandelier, une théière, une paire de gants, une paire de lunettes, un couteau, un râteau, une pelle, une corde à sauter, un balai, un tablier en dentelle, une fourchette, un bouton.

UN, DEUX, TROIS... SCRABBLE !

VOCABULAIRE  LOGIQUE

𝒟ans ce jeu, les huit lettres du mot **PROVINCE** ont une valeur différente inscrite en bas à droite. À l'aide de ces lettres, que tu n'utiliseras qu'UNE SEULE FOIS PAR MOT, forme des mots dont la somme est indiquée, dans chacune des cases, à gauche. Dans certains cas, il peut y avoir plusieurs mots ayant la même somme. Tu peux aussi découvrir des mots différents de ceux que nous avons trouvés.

P₁ R₂ O₃ V₄ I₅ N₆ C₇ E₈

10 _____   12 _____

13 _____   14 _____

15 _____   16 _____

18 _____   19 _____

20 _____   21 _____

23 _____   24 _____

26 _____   28 _____

29 _____   32 _____

LE CANADA, C'EST LES VACANCES À LA MER !

 VOCABULAIRE   OBSERVATION

Camille et Charles passent leurs vacances d'été en Nouvelle-Écosse. Ils s'amusent comme des petits fous sur la plage. Il s'y passe beaucoup de choses. Peux-tu trouver au moins 20 mots (objets, animaux ou actions) qui commencent sur ce dessin par la lettre M. C'est facile ! 25, 30, 35 mots, c'est beaucoup mieux. Nous avons réussi à en cacher 41.

UNE LETTRE QUI CHANGE TOUT

 VOCABULAIRE — LOGIQUE

*L*es seize mots qui suivent cachent les noms de seize mammifères qui vivent au Canada. En changeant **une seule lettre par mot**, tu les trouveras tous.

1. MARCOTTE
2. TACHE
3. BEAU
4. SAPIN
5. TISON
6. NERF
7. COUP
8. HALEINE

9. ÂME
10. TAURE
11. BISOU
12. VOIR
13. SOUMIS
14. BELOTTE
15. MOURON
16. PORE

CONNAIS-TU TA GÉO ?

*T*u peux jouer ce jeu seul ou avec plusieurs amis ou en formant plusieurs équipes. Dans ce cas, compte le temps avec un sablier. Voici douze questions pour vérifier tes connaissances en géographie générale. Pour chaque bonne réponse, accorde-toi un point. Si tu obtiens entre 10 et 12 points, bravo, tu es un champion ! Entre 6 et 9 points, ce n'est pas mal du tout. Moins ? Courage ! Après avoir fait tous les jeux de ce livre, tu sauras mieux répondre.

1. Quelles sont les couleurs du drapeau canadien ?

   _____

2. Quel est le nom de la capitale fédérale du Canada ?

   _____

3. Quel est l'océan qui baigne les côtes des provinces de l'Est ?

   _____

4. Quel est l'océan qui baigne la côte de la Colombie-Britannique ?_____

5. Quel est le nom du grand pays voisin au sud du Canada ?_____

6. Quelle chaîne de hautes montagnes sépare la Colombie-Britannique et l'Alberta ?

   _____

7. Quel est le nom de l'océan nordique qui borde les Territoires du Nord-Ouest

   et du Yukon ?_____

8. Quelle est la plus petite province du Canada ?_____

9. Quel est le plus important fleuve du Québec ?_____

10. Quelle est la plus grande province du Canada ?_____

11. Quelle est la province canadienne qui est la plus peuplée ?_____

12. Parmi les dix plus grands pays au monde, quel rang occupe le Canada ?

   _____

L'ÉQUIPEMENT DE FRED

  💡 MÉMOIRE 🔭 OBSERVATION

*P*hotographe animalier et écrivain réputé dans le monde entier, Fred Bruemmer prépare une toute nouvelle expédition chez les Inuits du Grand Nord canadien. Selon ses bonnes habitudes, il a étendu sur le sol tout ce qu'il doit emporter. Regarde bien le dessin pendant une minute seulement. Attention, tu n'as pas le droit de prendre des notes.
Ensuite, tourne ton livre de jeux et essaie de répondre aux questions.

L'équipement de Fred contient-il?

1. un appareil-photo
2. un sac de couchage
3. deux paires de gants
4. une paire de bottes
5. trois paires de chaus-settes
6. une boîte étanche pour les films
7. un baladeur
8. une paire de lunettes de soleil
9. une montre
10. une paire de jumelles

SERS-TOI DE TA LOGIQUE

   OBSERVATION   LOGIQUE

*A*u premier abord, les petits dessins qui suivent ne semblent pas avoir de rapport entre eux. Pourtant, il y en a un. Il suffit de regarder autrement. Écris en dessous le nom de l'objet dessiné afin d'y voir plus clair. Lorsque tu les auras tous trouvés, tu seras capable de reconnaître l'objet qui complète la série parmi les trois qui te sont proposés.

1. _ _ _ _ _   2. _ _ _ _ _   3. _ _ _ _ _ _

4. _ _ _ _ _ _ _ _ _   5. _ _ _ _ _ _ _   6. _ _ _ _ _ _ _

7. _ _ _ _ _ _ _ _ _   8. _ _ _ _ _ _ _ _ _   9. _ _ _ _

10. _____

POÈME POUR UN DINDON

ORNITHOLOGIE ✎ VOCABULAIRE 🦢 LOGIQUE

*L*e Dindon sauvage est un oiseau indigène du Nouveau Monde qui a été presque entièrement exterminé. Le Dindon domestique, que tout le monde connaît, est un descendant de cet oiseau sauvage.

Sur chaque ligne de ce poème, il y a un blanc. Reconstitue le poème en entier en puisant dans la banque de mots. Ton imagination et la musique des vers peuvent aussi t'aider. Les tirets correspondent au nombre de lettres des mots qui manquent.

Ma petite _ _ _ _ bleu et rose

Domine fièrement mon corps _ _ _ _ _ _

Au _ _ _ _ _ _ _ _ sombre et chatoyant.

Pour l'amour de _ _ _ compagnes

Je chante des _ _ _ _ _ _ _ _ _ sonores

Et déploie la roue de ma _ _ _ _ _ .

_ _ _ _ _ _ _ _ _ nous étions nombreux

À parcourir les grands _ _ _ _ _ _

De l' _ _ _ _ _ _ _ _ inexplorée.

Devenu oiseau _ _ _ _ _ _ _ _ _ _

Je suis le _ _ _ de toutes les fêtes

Et termine _ _ _ _ _ _ _ ma vie brève

Dans les assiettes de _ _ _ _

Car c'est _ _ _ _ _ _

que l'on m'appelle.

(Poème inédit d'Angèle Delaunois)

BANQUE DE MOTS :
Amérique • autrefois • boisés • dindon • domestique • glouglous • mes • Nöel •
pesant • plumage • queue • roi • souvent • tête

QUI EST PASSÉ PAR LÀ ?

ZOOLOGIE   OBSERVATION

*L'*hiver, la neige est comme un livre ouvert qui raconte tout ce qui se passe. Dans ce sous-bois du Parc des Laurentides, au Québec, on peut distinguer l'empreinte de sept animaux différents. À toi de trouver à qui elles appartiennent. Pas facile !

ANIMAUX À DÉCOUVRIR :
cerf de Virginie • chien • corneille • lièvre d'Amérique • orignal • ours noir • raton laveur

DOLLAR, DOLLAR, DIS-MOI CE QUE TU CACHES ?

 MÉMOIRE  OBSERVATION

Sur les monnaies et billets émis par la Banque du Canada, différents emblèmes, animaux ou objets, sont représentés sur le côté pile. (Le côté face représente la reine Élisabeth II ou différents hommes politiques.) Les connais-tu ?

Essaie de faire le test sans regarder dans ton porte-monnaie. Petit détail amusant, l'un de ces emblèmes est représenté deux fois : sur une pièce, ainsi que sur un billet. Fais ensuite passer le test aux personnes de ton entourage. Pas si facile que ça de les trouver tous !

L'emblème est :

sur la pièce de 1 cent _____

sur la pièce de 5 cents _____

sur la pièce de 10 cents _____

sur la pièce de 25 cents _____

sur la pièce de 1 dollar _____

sur la pièce de 2 dollars _____

sur le billet de 5 dollars _____

sur le billet de 10 dollars _____

sur le billet de 20 dollars _____

sur le billet de 50 dollars _____

sur le billet de 100 dollars _____

LES TRÉSORS DE TERRE-NEUVE

ZOOLOGIE   VOCABULAIRE

*L*es grands bancs de Terre-Neuve sont bien connus des pêcheurs depuis des siècles. Les bateaux du monde entier s'y donnent rendez-vous pour y pêcher, entre autres, la morue. Cependant, on ne trouve pas seulement de la morue dans ces eaux, qui sont parmi les plus poissonneuses du monde.

Le jeu qui suit te permettra de découvrir 18 espèces de poissons et de crustacés que l'on trouve au large de l'île de Terre-Neuve et dans le golfe du fleuve Saint-Laurent. On peut trouver la plupart d'entre eux chez le poissonnier. Tu veux les connaître ? Facile ! Remplace les lettres indiquées par celles qui les précèdent immédiatement dans l'alphabet. Écris le nom correct à côté.

1. FTUVSHFPO OPJS
   _____

2. SBJF
   _____

3. DSBCF
   _____

4. DSFWFUUF
   _____

5. GMFUBO
   _____

6. FQFSMBO
   _____

7. IPNBSE
   _____

8. TFCBTUF
   _____

9. QFUPODMF
   _____

10. NPSVF
    _____

11. DBQFMBO
    _____

12. TBVNPO
    _____

13. NBRVFSFBV
    _____

14. BJHMFGJO
    _____

15. UIPO
    _____

16. IBSFOH
    _____

17. DBMNBS
    _____

18. QMJF
    _____

LES PLANTES QUI SOIGNENT

🪴 BOTANIQUE   👄 VOCABULAIRE

𝓔lles poussent dans les jardins, dans les champs, dans les plaines et sur les flancs des montagnes et des collines. On utilise leurs fleurs, leurs fruits, leurs tiges ou encore leurs écorces ou leurs racines. La plupart du temps, on ne les regarde même pas. Pourtant, elles ont des propriétés médicinales que les Amérindiens connaissent depuis des millénaires. Le nom de 24 de ces plantes est caché dans ce mot mystère. En prime, tu trouveras un vingt-cinquième mot de neuf lettres désignant une plante à fleurs jaunes que certains jardiniers détestent.

Q	C	B	E	E	N	I	P	E	B	U	A
U	E	A	R	P	I	S	I	P	A	H	S
E	D	R	A	T	U	O	M	L	M	O	C
N	R	D	B	R	A	S	B	A	B	U	L
O	E	A	L	O	E	E	I	N	O	X	E
U	R	N	E	F	L	E	N	T	U	L	P
I	E	E	T	I	U	I	A	A	R	I	I
L	Y	N	H	A	O	T	L	I	I	S	A
L	O	I	E	R	B	R	T	N	Z	E	D
E	N	G	I	V	F	O	U	G	E	R	E
T	I	L	L	E	U	L	A	Z	L	O	C
A	I	L	E	U	Q	I	L	E	G	N	A

_ _ _ _ _ _ _ _ _

MOTS À TROUVER :

ail • angélique • asclépiade • aubépine • bambou • bardane • bouleau • cèdre • colza • érable • fougère • houx • liseron • moutarde • noyer • ortie • plantain • pimbina • quenouille • raifort • riz • thé • tilleul • vigne

SUR LA BANQUISE AVEC FRED

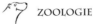 ZOOLOGIE    OBSERVATION

*T*ous les ans, au début du mois de mars, le célèbre photographe et explorateur Fred Bruemmer se rend sur la banquise pour prendre sur le vif les blanchons qui viennent au monde dans le détroit de Belle-Îsle, près des Îles-de-la-Madeleine et de l'île du Prince-Édouard. Il revient toujours avec des milliers d'images de ces magnifiques petits phoques du Groënland.

La photo ci-dessous a été reproduite en laboratoire, mais il y a dix petites différences dans le second cliché. Peux-tu les encercler ?

1.

2.

LES GRANDS COURS D'EAU DU CANADA

GÉOGRAPHIE

*M*oyens de communication irremplaçables, les fleuves et les rivières jouent un rôle important dans l'économie canadienne. Les noms de 19 cours d'eau importants se cachent dans cette grille. En prime, tu trouveras un vingtième nom de six lettres qui désigne une rivière très appréciée des pêcheurs de saumons.

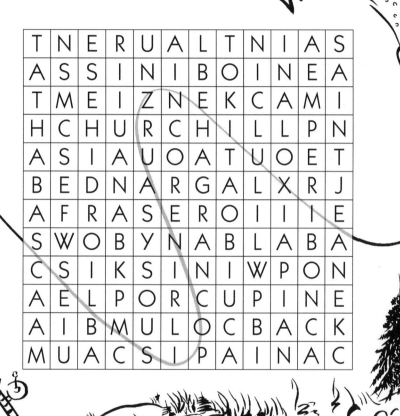

T	N	E	R	U	A	L	T	N	I	A	S
A	S	S	I	N	I	B	O	I	N	E	A
T	M	E	I	Z	N	E	K	C	A	M	I
H	C	H	U	R	C	H	I	L	L	P	N
A	S	I	A	U	O	A	T	U	O	E	T
B	E	D	N	A	R	G	A	L	X	R	J
A	F	R	A	S	E	R	O	I	I	I	E
S	W	O	B	Y	N	A	B	L	A	B	A
C	S	I	K	S	I	N	I	W	P	O	N
A	E	L	P	O	R	C	U	P	I	N	E
A	I	B	M	U	L	O	C	B	A	C	K
M	U	A	C	S	I	P	A	I	N	A	C

MOTS À PLACER :

Albany • Assiniboine • Athabasca • Back • Bow • Caniapiscau • Churchill • Columbia • Fraser • La Grande • Mackenzie • Milk • Outaouais • Paix • Péribonca • Porcupine • Saint-Jean • Saint-Laurent • Winisk

LE CANADA, C'EST LA MAGIE DE L'ÉRABLE !

OBSERVATION — VOCABULAIRE

*Q*ue c'est bon, lorsque le printemps montre le bout de son nez, d'aller « se sucrer le bec » à la cabane à sucre ! Camille et Charles s'y sont rendus avec leur école. Sur ce dessin qui les représente, peux-tu retrouver 15 mots, (objets, actions ou animaux) qui commencent par la lettre E. C'est un minimum ! 20, 25, voilà qui est beaucoup mieux. Cherche bien, nous en avons caché 34 .

LES ANIMAUX EN CROIX

 ZOOLOGIE VOCABULAIRE

𝒟ouze noms d'animaux forment cette croix. Certains sont très connus, d'autres moins. Pour les trouver, aide-toi des définitions et de tes connaissances.

Définitions :

1. Début mars, la femelle donne naissance à son blanchon sur la banquise.
2. Il vient quémander de la nourriture dans tous les parcs du Canada.
3. Elle a un magnifique pelage et aime beaucoup jouer dans l'eau.
4. On le connaît mieux sous le nom d'orignal.
5. Autrefois, il y en avait des millions dans les Prairies.
6. On l'appelle aussi l'Aigle pêcheur.
7. Cet animal dont la fourrure est recherchée peut être blanc, bleu, noir ou roux.
8. Son duvet remplit nos couettes.
9. C'est un des animaux les plus rapides au monde.
10. Cette petite baleine blanche peut être admirée dans le Saint-Laurent.
11. Lorsqu'elle se glisse dans un poulailler, c'est la panique !
12. C'est le nom que l'on donne à l'écureuil volant.

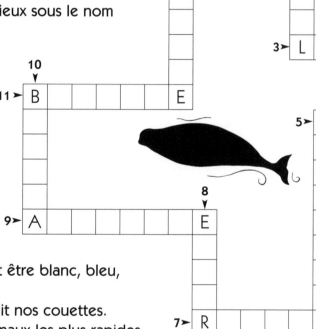

DES ANIMAUX ET DES PROVERBES

*L*a langue française (comme la langue anglaise) est riche en proverbes qui mettent en scène des animaux. Tu en connais sûrement beaucoup. Voici douze proverbes à reconstituer correctement. Trouve dans la partie de droite ce qui convient pour compléter la partie de gauche. Aide-toi de ton imagination et de ta logique, car certains de ces proverbes ne sont pas souvent utilisés.

1. Ce n'est pas à un vieux singe...   avec de l'eau claire.

2. Il faut hurler...   le loup du bois.

3. Un bon renard ne mange...   pas le printemps.

4. Une hirondelle ne fait...   avec les loups.

5. Petit à petit...   deux lièvres à la fois.

6. On ne prend pas les mouches...   qu'on apprend à faire des grimaces.

7. Il ne faut pas vendre la peau de l'ours...   pour avoir l'œuf.

8. On n'engraisse pas les cochons...   jamais les poules de son voisin.

9. La faim fait sortir...   avec du vinaigre.

10. Qui vole un œuf...   l'oiseau fait son nid.

11. Il ne faut pas courir...   avant de l'avoir mis à terre.

12. Il ne faut pas tuer la poule...   vole un bœuf.

LE SECRET DE LA LICORNE

🐾 ZOOLOGIE   👄 VOCABULAIRE

*S*elon les légendes, la licorne était un animal fabuleux dont la corne avait des propriétés magiques. On disait, entre autres, qu'elle était capable de neutraliser n'importe quel poison. Personne n'a jamais vu de licorne. Pourtant, les cornes existent bel et bien puisqu'on peut en admirer dans plusieurs musées du monde. Où est le mystère ?

L'origine de la licorne est un des secrets commerciaux les mieux gardés. Veux-tu le connaître ?

Pour cela, tu dois déchiffrer le message en code que ce marchand de Laponie vient de recevoir de son collègue inuit du Canada.

Remplace les chiffres par les lettres correspondantes de l'alphabet. (A=1, B=2...)

12	1		3	15	18	14	5		4	5		12	9	3	15	18	14	5		17	21	5
__	__		__	__	__	__	__		__	__		__	__	__	__	__	__	__		__	__	__

10	5		20	5	14	22	15	9	5		16	18	15	22	9	5	14	20
__	__		__	__	__	__	__	__	__		__	__	__	__	__	__	__	__

4	21	14	5		16	5	20	9	20	5		2	1	12	5	9	14	5
__	__	__	__		__	__	__	__	__	__		__	__	__	__	__	__	__

14	15	18	4	9	17	21	5		1	16	16	5	12	5	5		14	1	18	22	1	12
__	__	__	__	__	__	__	__		__	__	__	__	__	__	__		__	__	__	__	__	__

14	5		12	5		18	5	16	5	20	5		1		16	5	18	19	15	14	14	5
__	__		__	__		__	__	__	__	__	__		__		__	__	__	__	__	__	__	__ !

UNE DEVISE BIEN CACHÉE

⊕ GÉOGRAPHIE   LOGIQUE

*C*e jeu a pour but de te faire découvrir la devise du Canada. Tout d'abord, tu dois trouver le mot qui correspond à la définition et au nombre de tirets.
Ensuite, lorsque tu as trouvé toutes les réponses, reporte les lettres correspondantes sur les tirets de la devise. Une même lettre porte toujours le même nombre.

1. La ville de Régina en est une : C A P I T A L E
                                     1 2 3 4 5 6 7 8

2. C'est le nombre de provinces canadiennes : D I X
                                                9 4 10

3. À l'est, c'est l'océan : A T L A N T I Q U E
                           2 5 7 2 11 5 4 12 13 8

4. C'est la capitale de la Colombie-Britannique : V I C T O R I A
                                         14 4 1 5 15 16 4 2

5. Ces chutes sont célèbres dans le monde entier : N I A G A R A
                                         11 4 2 17 2 16 2

6. C'est la métropole du Canada : T O R O N T O
                                  5 15 16 15 11 5 15

La devise du Canada est :

« D' U N   O C É A N   À   L' A U T R E »
  9 13 11   15 1 8 2 11   2   7 2 13 5 16 8

QUI SE RESSEMBLE, S'ASSEMBLE !

VOCABULAIRE

*N*ous te proposons ici 14 suites de mots concernant différents métiers pratiqués au Canada. Dans chacune de ces suites, deux mots ont un sens très proche. À toi de les découvrir et de les souligner. Pas si facile que ça !

1. exploratrice • marchande • trappeur • découvreur • colporteur

2. gérante • vendeuse • gestionnaire • étalagiste • boutiquière

3. graphiste • libraire • écrivaine • imprimeur • auteur

4. agriculteur • pépiniériste • cultivatrice • couturier • porteur

5. ambulancière • médecin • préposée • docteure • infirmière

6. marin • pêcheur • capitaine • mousse • matelot

7. secrétaire • avocate • comptable • plaideur • réceptionniste

8. instituteur • concierge • directrice • étudiant • surveillant • enseignante

9. épicière • bouchère • fromager • traiteur • restauratrice

10. chercheur • assistant • biologiste • professeur • laborantine

12. informaticienne • programmeur • monteur • statisticien • technicienne

13. facteur • téléphoniste • animatrice • lecteur • livreur

14. fleuriste • horticultrice • plombier • quincailler • charpentier

LE HOMARD DE GASPÉSIE

ARTS PLASTIQUES   OBSERVATION

Camille est de passage en Gaspésie. Elle en profite pour aller visiter le Musée de la Mer, à Percé. Lors de sa visite, elle tombe en admiration devant une magnifique mosaïque représentant un homard. Elle aimerait bien la reproduire.

Et toi ? Veux-tu essayer ? Ce n'est pas si difficile que ça. Si tu comptes bien les petits carreaux du quadrillage et si tu observes attentivement le tracé, tu peux dessiner le homard presque à la perfection.

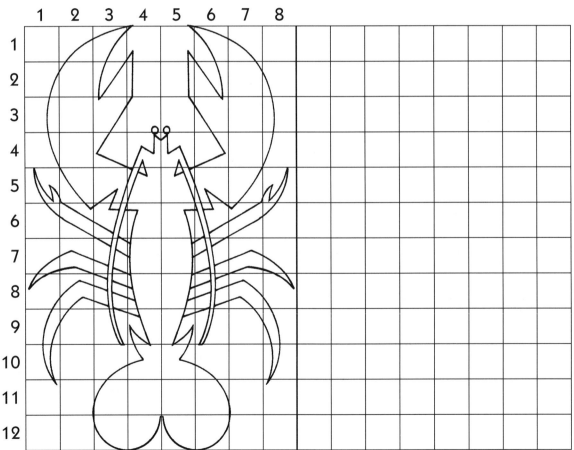

QUE SAIS-TU DE CE PAYS ?

GÉOGRAPHIE ✿ GÉNÉRALITÉS

$\mathcal{V}$oici douze questions très faciles concernant le Canada. Pour chaque bonne réponse, accorde-toi un point.

Si tu obtiens entre 10 et 12 points, tu es un as. Entre 6 et 9 points, ce n'est pas mal du tout. Moins ? Tu as quelques lacunes mais, grâce à ce livre de jeux, tu arriveras vite à les combler.

Attention ! Ce jeu peut se jouer à plusieurs. Dans ce cas, on peut compter le temps à l'aide d'un sablier.

1. Comment appelle-t-on la pièce canadienne de 1 $? _____

2. Qu'est-ce qu'on voit sur le drapeau canadien ? _____

3. Quel est le légume que l'on cultive à l'île du Prince-Edouard ? _____

4. Quelles sont les deux langues officielles du Canada ? _____
_____

5. Quel animal est l'emblème du Canada ? _____

6. Combien y a-t-il de provinces au Canada ? _____

7. Combien y a-t-il de territoires, situés au nord ? _____

8. Deux provinces canadiennes sont des îles. Lesquelles ? _____
_____

9. Comment appelle-t-on les immenses plaines situées au sud de la Saskatchewan, de l'Alberta et du Manitoba ? _____

10. Vancouver est-elle la capitale de la Colombie-Britannique ? _____

11. Comment appelle-t-on les peuples qui vivaient au pays avant l'arrivée des colons européens ? _____

12. Quel est le nom de la chaîne de montagnes, située à l'est du Canada, qui traverse le Québec, les provinces maritimes et Terre-Neuve ?
_____

BBBZZZZ... AH, CES BESTIOLES !

Les insectes sont partout : dans l'eau, dans l'herbe, dans l'air, dans les arbres et dans les maisons. Ils résistent à presque tout : au froid, à la chaleur, au vent. Ils ont l'air fragile mais, au fond, ils sont incroyablement robustes et parviennent à s'adapter à des conditions extrêmes. Certains sont magnifiques, d'autres insupportables. Tout ce « petit monde de l'herbe », méconnu et souvent oublié, mérite qu'on le connaisse mieux.

La grille ci-dessous contient le nom de 19 insectes communs qu'on trouve partout au Canada. Tu les connais à peu près tous. En prime, tu trouveras le nom d'un vingtième insecte qui tisse des œuvres d'art pour capturer ses proies.

P	E	R	C	E	O	R	E	I	L	L	E
U	P	G	U	E	P	E	L	A	G	I	C
C	H	P	A	T	I	N	E	U	R	B	E
E	E	L	L	I	E	B	A	A	I	E	L
R	M	P	U	N	A	I	S	E	L	L	L
O	E	H	C	U	O	M	R	P	L	L	E
N	R	F	O	U	R	M	I	U	O	U	R
T	E	R	M	I	T	E	A	C	N	L	E
B	O	M	B	A	R	D	I	E	R	E	U
I	E	L	L	E	R	E	T	U	A	S	Q
M	O	U	S	T	I	Q	U	E	G	N	O
E	E	E	L	L	E	N	I	C	C	O	C

_ _ _ _ _ _ _

MOTS À TROUVER :

abeille • bombardier • cigale • coccinelle • coquerelle • éphémère • fourmi • grillon • guêpe • libellule • mouche • moustique • patineur • perce-oreille • puce • puceron • punaise • sauterelle • termite

MAMMIFÈRES EN IMAGES

ZOOLOGIE   VOCABULAIRE

Vingt-deux mammifères du Canada sont dessinés autour de cette grille. Tu connais sûrement la majorité d'entre eux et les petits dessins vont t'aider à les identifier. Les reconnais-tu tous ? Pour t'aider, la première lettre de leur nom est déjà indiquée.

LE MESSAGE DE LA BAIE DE FUNDY

LOGIQUE

Située entre la Nouvelle-Écosse et le Nouveau-Brunswick, la baie de Fundy est une vaste étendue d'eau où la pêche est très développée. Il se produit un phénomène très particulier dans cette baie. Une pancarte routière l'explique mais, malheureusement, plusieurs lettres de cette pancarte sont tombées.

Si tu veux savoir quel est ce phénomène, remets les lettres tombées là où elles doivent se trouver, en te fiant à l'emplacement des clous.

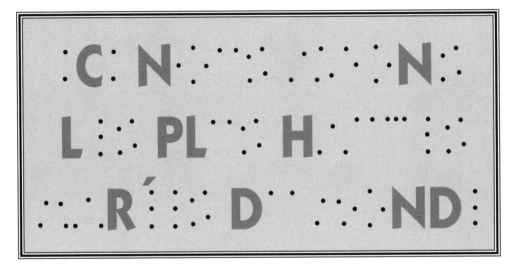

LES OISEAUX DU CANADA : SUPERGRILLE 🐦🐦🐦

🐦 ORNITHOLOGIE   👄 VOCABULAIRE

*C*inquante-quatre noms d'oiseaux se cachent dans cette grille. Ils vivent tous au Canada. À toi de les placer. Pour t'aider, certaines lettres sont déjà indiquées. Un petit conseil, écris d'abord les mots les plus longs, ce sera plus facile ensuite. Attention ! Un même nom peut être répété deux fois et certains noms sont au pluriel.

MOTS À PLACER :

3 lettres : duc

4 lettres : pics • grue • ibis • fous • râle • geai • oies • cane

5 lettres : hibou • cygne • grèbe • huart • labbe • héron • aigle • colin • merle

6 lettres : rapace • fulmar • viréos • bruant • puffin • pétrel • pigeon • dindon • tétras • faucon • sterne • jaseur

7 lettres : corbeau • colibri • pélican • roselin • mésange • pluvier • foulque • canards • orioles

8 lettres : épervier • albatros • coulicou • alouette • cardinal • paruline • moineaux

9 lettres : corneille • balbuzard • gélinotte • gélinotte • étourneau • sittelles • cormorans

10 lettres : hirondelle

ILS COMMENCENT PAR CAN

*L*es douze mots qui suivent commencent tous par CAN. À toi de les compléter en t'aidant des petites définitions. Les tirets correspondent aux lettres manquantes.

1. CAN _   C'est la femelle du canard.

2. CAN _ _   Fabriqué en écorce, c'était un moyen de transport très apprécié des Amérindiens.

3. CAN _ _   Indispensable à tout bon trappeur, à cause de ses multiples lames.

4. CAN _ _ _   C'est le nom d'une variété de pommes rainettes à la peau jaune ou gris-beige.

5. CAN _ _ _   C'est ainsi qu'on appelait autrefois le béluga.

6. CAN _ _ _   C'est un oiseau palmipède. Il y en a plusieurs espèces au Canada.

7. CAN _ _ _ _   Petite bouteille de bière ou de boisson gazeuse, faite en aluminium, et que l'on peut recycler.

8. CAN _ _ _ _ _   Avion équipé de réservoirs à eau, utilisé pour éteindre les incendies.

9. CAN_ _ _ _ _ _ _   Petit fruit rouge dont on fait une sauce très appréciée qui accompagne la dinde de Noël.

10. CAN _ _ _ _ _ _ _   Veste très chaude, doublée de fourrure, inspirée de celle des trappeurs.

11. CAN _ _ _ _ _ _ _   Au temps de la colonisation, on y plantait des chandelles pour y voir plus clair.

12. CAN _ _ _ _ _ _ _ _ _   C'est ainsi que l'on appelle une tournure de langage propre au français parlé au Canada.

LE CANADA, C'EST L'AVENTURE SUR UN LAC !

 OBSERVATION VOCABULAIRE

Enfin l'été ! Il fait chaud, très chaud. Pour se rafraîchir, Camille et Charles sont partis en canoé faire une promenade sur le lac. Dans ce lieu de vacances, situé au nord de Toronto, peux-tu identifier au moins quinze mots (animaux, objets ou actions) qui commencent par L ? Si tu as beaucoup de vocabulaire, tu peux trouver jusqu'à 32 mots. C'est le nombre que nous y avons caché.

LES ÉTRANGERS : LA FLORE DU CANADA

LOGIQUE   VOCABULAIRE   BOTANIQUE

*C*es huit suites de mots contiennent le nom de végétaux qui poussent au Canada. Dans chaque catégorie, il y a un intrus, c'est-à-dire une plante qui n'y pousse pas. À toi de le trouver.

1. pin • frêne • épinette • thuya • érable • baobab

2. blé • orge • avoine • seigle • riz sauvage • mil

3. rose • jonquille • tulipe • crocus • orchidée • violette

4. pêche • pomme • banane • poire • fraise • framboise

5. haricot • chou • courgette • gombo • brocoli • poireau

6. patate douce • betterave • navet • carotte • panais
   • pomme de terre

7. lierre • pissenlit • chardon • roseau • fougère
   • canneberge • café

8. persil • romarin • thym • vanille
   • menthe • basilic

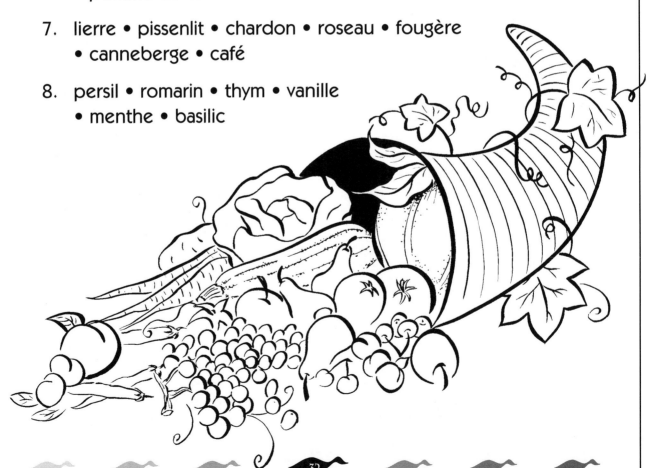

LES DIFFÉRENTS NOMS DE LA NEIGE

🦭 LOGIQUE 👄 VOCABULAIRE

La neige ! Tellement présente durant les longs hivers canadiens... et sous tant de formes. Voici six charades pour te faire découvrir les différents noms de la neige.

1. Mon premier est une des couleurs de l'été.
   Mon second sonne à la messe des morts.
   Mon tout est un mélange de pluie et de neige.

   _____

2. Mon premier c'est la forme que prend le blé lorsqu'il est moulu.
   Mon second est une céréale très appréciée des chinois.
   Mon tout, c'est la neige en rafales lorsque le vent la fait voler partout.

   _____

3. On parle tous les jours de mon premier.
   Mon second est un petit bruit indiscret.
   Mon tout : le Canada en essuie plusieurs chaque hiver.

   _____

4. Mon premier est au milieu de la figure.
   Mon second est la vingt-deuxième lettre de l'alphabet.
   Mon tout, c'est le nom que l'on donne à une des couches de neige d'un glacier.

   _____

5. Mon premier, c'est ce qu'on fait lorsqu'on boit.
   Mon second est une partie du corps humain.
   Il ne faut surtout pas se trouver en montagne sur la trajectoire de mon tout.

   _____

6. Mon premier est une onomatopée qui sert à décrire le bruit d'une goutte d'eau qui tombe.
   Mon second est un pronom personnel indéfini très utilisé.
   Mon tout : il y en a des milliards dans une tempête de neige et ils sont tous différents.

   _____

JOUONS AUX CATÉGORIES

*T*out le monde connaît ce jeu. Tu peux y jouer seul ou avec des amis. Sers-toi alors d'un sablier, pour compter le temps. Dans chaque colonne, il faut écrire un mot commençant par la lettre demandée. Lorsque le mot est répété par un autre joueur, le point est annulé.

C A S T O R

Exemple : un prénom	Claude	Annie	Suzon	Théo	Odile	Roger
un animal						
une ville						
une plante						
un objet						
une action						

QUEL OISEAU SE CACHE ICI ?

OBSERVATION ORNITHOLOGIE

*V*oici douze silhouettes d'oiseaux que l'on peut admirer au Canada. Elles sont très caractéristiques. Peux-tu les reconnaître et trouver à qui elles correspondent ? Écris le nom de chaque oiseau à côté du numéro qui convient.

1 _____   2 _____   3 _____   4 _____

5 _____   6 _____   7 _____   8 _____

9 _____   10 _____   11 _____   12 _____

OISEAUX À DÉCOUVRIR :

Le Canard colvert • le Colibri à gorge rubis • le Cygne siffleur • le Grand-duc d'Amérique • le Grand Héron • le Geai bleu • l'Hirondelle rustique • le Huart à collier • le Merle d'Amérique • le Moineau domestique • le Pygargue à tête blanche • la Sittelle à poitrine rousse

LA DEVISE DU SAINT-LAURENT

Le fleuve Saint-Laurent est une magnifique voie d'eau. Ce fleuve majestueux, qui a permis le développement du Canada, est navigable sur ses 4000 kilomètres de longueur. Il prend naissance dans les Grands Lacs et, à son embouchure, il mesure près de 120 kilomètres de large. Autrefois, les Algonquins l'appelaient MAGTOGOEK.

Étirés comme des élastiques, les mots qui suivent cachent une phrase qui pourrait être la devise du Saint-Laurent. Pour parvenir à la lire, place ton livre de jeux à la hauteur de tes yeux ou, encore, retrace le contour des lettres du bout d'un crayon. Tourne la page à 90° pour découvrir la seconde partie de la devise.

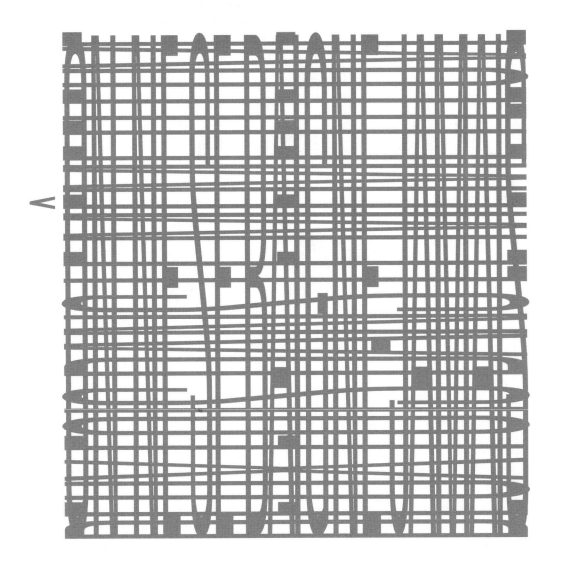

LABYRINTHE : LE SENTIER DES ARBRES

BOTANIQUE VOCABULAIRE

*L*ors d'une excursion en forêt, Camille et Charles se sont perdus. Aide-les à retrouver leur chemin dans ce labyrinthe, en leur faisant suivre le sentier créé par les noms des arbres. Toutes ces essences d'arbres poussent dans les forêts du Canada. Tu trouveras leur nom dans la banque de mots. Il y en a 13. Attention ! La même lettre ne doit pas servir deux fois et les lettres peuvent se suivre vers le haut ou vers le bas. Bien sûr, ces noms d'arbres ne sont pas placés par ordre alphabétique.

O	R	M	E	C	K	R	Q	F	M	O	S	G	X	H	K	Q	F	Y	R	L	E	J	F
A	B	P	E	F	X	E	U	Y	S	A	W	Z	T	X	Y	E	O	W	X	I	S	T	B
G	L	V	R	A	B	L	E	J	L	V	J	E	T	H	U	S	A	L	E	L	E	Z	E
U	X	K	U	Z	D	H	E	K	O	V	R	N	S	E	Y	X	M	C	M	K	U	G	O
Z	N	R	I	M	R	W	P	F	E	Q	A	E	M	X	A	L	R	U	R	A	D	X	H
S	V	C	O	K	S	L	I	E	K	I	R	R	X	O	C	A	N	W	E	I	Y	R	N
G	A	F	E	T	T	E	N	A	P	S	Q	F	I	L	H	F	A	X	I	J	L	V	J
P	I	J	S	B	O	T	J	R	T	Y	E	R	K	O	E	U	E	I	S	K	Y	Q	C
T	H	O	A	L	X	E	G	S	Y	O	N	X	A	E	N	G	U	S	I	D	J	Z	H
M	G	U	P	W	K	C	V	Z	D	N	E	Z	N	R	E	V	E	X	R	G	E	I	P
K	Y	N	I	F	U	M	Y	P	I	N	F	H	O	C	B	D	I	M	E	N	P	X	D
P	O	U	N	C	E	D	R	E	V	B	M	Z	I	T	O	L	O	Y	M	B	Z	M	S
E	I	B	Q	D	N	J	W	C	I	O	U	F	S	Z	U	L	E	A	U	F	L	U	E

BANQUE DE MOTS :
bouleau • cèdre • chêne • épinette • érable • frêne • mélèze • merisier • noyer • orme • pin • sapin • thuya

LES POISSONS DES GRANDS LACS

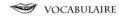 ZOOLOGIE VOCABULAIRE

*S*i on te demande de nommer plusieurs espèces de poissons d'eau douce qui vivent dans les Grands Lacs (ou même dans les plus petits), tu peux sûrement en trouver cinq ou six, en réfléchissant bien. Fais le test !

Il y en a beaucoup plus. 21 sont dissimulés dans la grille ci-dessous. Autrefois, on pouvait tous les pêcher dans les grandes étendues d'eau douce de l'Est du Canada et dans le fleuve Saint-Laurent. De nos jours, certains ont disparu à cause de la pollution.

En prime, un vingt-deuxième nom de douze lettres te fera découvrir un poisson bien connu des apprentis pêcheurs.

E	C	N	A	G	I	H	C	A	L	A	M
S	A	C	H	I	G	A	N	E	R	O	D
T	E	H	C	O	R	B	E	N	E	M	R
U	B	A	R	T	E	L	U	M	P	B	A
R	P	E	T	S	L	O	T	T	E	L	E
G	M	E	U	N	I	E	R	R	R	E	I
E	N	O	G	E	R	O	C	U	C	B	O
O	O	T	O	U	L	A	D	I	H	A	R
N	O	M	A	L	U	O	P	T	A	R	P
L	E	I	L	C	A	R	P	E	U	B	M
L	A	Q	U	A	I	C	H	E	D	U	A
M	A	S	K	I	N	O	N	G	E	E	L

_ _ _ _ _ _ _ - _ _ _ _ _

MOTS À TROUVER :

achigan • bar • barbue • brochet • carpe • coregone • doré • esturgeon • lamproie • laquaiche • lotte • malachigan • maskinongé • méné • meunier • mulet • omble • perchaude • poulamon • touladi • truite

LA BERNACHE DU CANADA ET TOUS SES VERBES

 LOGIQUE ◁═▷ VOCABULAIRE

On l'appelle aussi OUTARDE. Il existe une dizaine de races de Bernaches du Canada qui diffèrent surtout par leur taille et leur cri. C'est un magnifique oiseau migrateur. Ses grandes volées en V annoncent à coup sûr le printemps et l'automne. La bernache niche dans le nord du continent américain et hiverne depuis le sud du Canada jusqu'au Mexique. C'est une grande oie, facile à reconnaître par son long cou noir et son menton blanc.

Les verbes qui suivent décrivent tout ce que peut faire la bernache. Ils ont perdu la moitié de leurs lettres. À toi de les reconstituer, en allant chercher à droite la partie qui leur manque. Le nombre de tirets correspond aux lettres manquantes.

1.	HIVER _ _ _	DRE
2.	S'ENVO _ _ _	VER
3.	PON _ _ _	GER
4.	NA _ _ _	IER
5.	DÉFEN _ _ _	TIR
6.	CONSTR _ _ _ _	LER
7.	COU _ _ _	DRE
8.	VOYA _ _ _	CHER
9.	CR_ _ _	RIR
10.	NI _ _ _ _	CHER
11.	MIG _ _ _	GER
12.	PAR _ _ _	NER
13.	NOUR _ _ _	RER
14.	MAR _ _ _ _	UIRE

DIX PROVINCES ET DEUX TERRITOIRES

 GÉOGRAPHIE

$\mathcal{S}$ur cette carte du Canada, nous avons tracé des frontières, mais nous avons oublié d'écrire les noms aux bons endroits.

Tu as dix-sept noms à inscrire à leur emplacement géographique réel. À toi de jouer ! Tu en connais beaucoup plus que tu ne l'imagines.

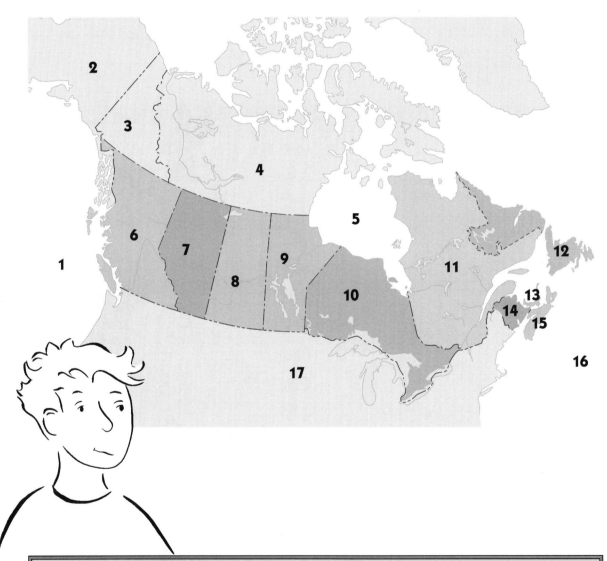

NOMS À PLACER :

Alaska • Alberta • Baie d'Hudson • Colombie-Britannique • États-Unis • Île-du-Prince-Édouard • Manitoba • Nouveau-Brunswick • Nouvelle-Écosse • Océan Atlantique • Océan Pacifique • Ontario • Québec • Saskatchewan • Terre-Neuve • Territoires du Nord-Ouest • Territoire du Yukon •

LES ÉTRANGERS : LES ANIMAUX DU CANADA

 LOGIQUE    ZOOLOGIE    VOCABULAIRE

Voici huit suites de mots qui concernent la faune du Canada. Dans chaque catégorie, il y a le nom d'un étranger, c'est-à-dire d'un animal qui n'y vit pas (même si on peut en voir certains dans les parcs zoologiques). À toi de les trouver !

1. ours noir • ours brun • ours polaire • grizzli • panda

2. coyote • chacal • loup • renard • carcajou

3. couguar • lynx • loutre • guépard • loup-cervier

4. bœuf musqué • vison • yack • chèvre de montagne • mouflon

5. cerf de Virginie • caribou • orignal • impala • wapiti

6. marmotte • écureuil • raton-laveur • tamia • hyrax

7. mangouste • vison • belette • hermine • martre

8. antilope d'Amérique • girafe • moufette • pica • gaufre gris

LES MAMMIFÈRES TERRESTRES : SUPERGRILLE

ZOOLOGIE   VOCABULAIRE

Quarante-six mammifères se cachent dans cette grille. Ils vivent tous au Canada. Pour t'aider, certaines lettres sont déjà indiquées. Un petit conseil : place d'abord les mots les plus longs, ce sera plus facile ensuite. Attention, certains mots peuvent être au pluriel.

MOTS À PLACER :

3 lettres : rat

4 lettres : rate • hase • cerf • élan • ours • pica • lynx • loup

5 lettres : bœuf • pékan • biche • chien • vison • taupe • raton • lapin • bison

6 lettres : chatte • martre • renard • chèvre • castor • lièvre • wapiti • tamias • gaufre • souris

7 lettres : hermine • coyotes • opossum • mouflon • cougar • orignal • lemming • grizzli • belette • caribou

8 lettres : carcajou • écureuil • marmotte • porc-épic • antilope

9 lettres : campagnol • moufettes

10 lettres : musaraigne

LES GRANDES VILLES DU CANADA

En dehors des capitales, il y a aussi, au Canada, d'importantes agglomérations. Les treize noms de villes qui suivent ont été coupés en deux. Réunis-les, en trouvant dans la liste de droite ce qui manque à gauche. Écris le nom de la ville sur la ligne.

1.	MONT	. GARY	_____
2.	GAN.	. PER	_____
3.	SASKA.	. SKI	_____
4.	CAL.	. GAMI	_____
5.	VANC.	. DER BAY	_____
6.	JAS.	. RÉAL	_____
7.	THUN.	. TOON	_____
8.	SUD.	. BROOKE	_____
9.	MATA.	. OUVER	_____
10.	RIMOU.	. LOOPS	_____
11.	KAM.	. RA	_____
12.	SHER.	. BURY	_____
13.	KENO.	. DER	_____

LE LABYRINTHE DU GAUFRE GRIS

ZOOLOGIE   OBSERVATION

Le gaufre gris est un petit mammifère rongeur que l'on trouve surtout dans les Prairies, au sud du Manitoba, de la Saskatchewan et de l'Alberta. Il a une façon bien spéciale de faire ses provisions : il creuse des galeries dans le sol, jusqu'aux racines des plantes. Il aime les pissenlits, le trèfle et la luzerne, mais aussi les pommes de terre, les carottes, les panais, les pois, les fleurs et les arbustes. On le surnomme parfois la « terreur des jardiniers ».

Le gaufre gris creuse des galeries qui peuvent courir sur plus de trente mètres. Son terrier comprend une chambre et un garde-manger. Aide le petit gaufre du dessin à trouver son chemin, de sa chambre à sa réserve de nourriture, en suivant le chemin formé par les lettres **G. A. U. F. R. E.**

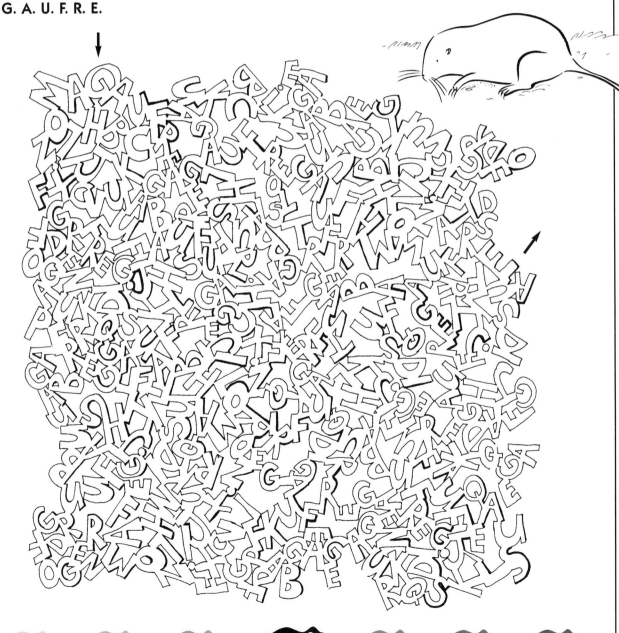

L'ÉTANG DE GABRIELLE

OBSERVATION

Gabrielle Roy (1909-1983) est née à Saint-Boniface, au Manitoba. C'est une auteure célèbre dans le monde entier. Un de ses romans les plus connus a pour titre « La Petite Poule d'eau ». Nous avons essayé de reproduire l'étang de cette petite poule d'eau, mais douze objets complètement étrangers se sont glissés dans ce dessin. En cherchant bien, tu peux les trouver tous. Les voici : un crayon, des lunettes, un sac à dos, un livre, un téléphone portable, une théière, une fourchette, une bouteille thermos, une chandelle, un gant, un chapeau, un soulier.

L'ANTILOPE D'AMÉRIQUE ET TOUS SES VERBES

 ZOOLOGIE   OBSERVATION   VOCABULAIRE

*O*ui, il existe une antilope propre au continent nord-américain. L'antilope d'Amérique est un fascinant animal qui vit dans le sud de la Saskatchewan et de l'Alberta. On la trouve aussi dans l'ouest des États-Unis et dans le nord du Mexique. Notre antilope est un des animaux les plus rapides du monde. Elle aime faire la course avec les voitures et, sur une courte distance, on a déjà enregistré la vitesse fabuleuse de 112 km/h.

Les verbes qui suivent servent à exprimer tout ce que peut faire une antilope. Ils ont perdu la moitié de leurs lettres. À toi de les reconstituer en allant chercher, à droite, la partie qui leur manque. Le nombre de tirets correspond aux lettres manquantes.

1. COU _ _ _   DIR
2. GALO _ _ _   GER
3. RAM _ _ _   TRER
4. BROU _ _ _   RE
5. FOLÂ _ _ _ _   TER
6. BÊ _ _ _   GRER
7. BON _ _ _   LLER
8. MI _ _ _ _   RIR
9. BOI _ _   TER
10. SAU _ _ _   LER
11. PROT _ _ _ _   DRE
12. SURVEI _ _ _ _   PER
13. DÉFEN _ _ _   ÉGER
14. NA _ _ _   PER

LE MESSAGE DE FUMÉE

LOGIQUE   OBSERVATION

Aigle-Noir et Petite-Fleur vivent tous les deux en Alberta, dans les « Badlands », ces collines aux formes étranges, isolées de tout, ayant subi l'érosion des glaciers.
Pour faire l'épicerie, c'est toute une expédition. Aigle-Noir est parti très tôt ce matin, mais Petite-Fleur s'est vite aperçue qu'il manquait quelque chose d'important sur sa liste d'emplettes. Elle lui envoie donc un message de fumée qu'il pourra lire de très loin. Peux-tu reconstituer le message qui se cache dans les petits nuages ?

LES RESSOURCES NATURELLES DU CANADA

 GÉOGRAPHIE   LOGIQUE   VOCABULAIRE

*L*e Canada est un pays aux multiples richesses. Son sous-sol regorge de matières premières et on cultive la terre de mille et une façons. À gauche, tu trouveras une liste comprenant des minéraux, des plantes et des animaux. Dans la banque de mots qui suit, trouve celui qui correspond au produit fini qu'il permet de fabriquer et écris-le à côté.

1. bauxite... _____

2. eau... _____

3. épinette... _____

4. fer... _____

5. blé... _____

6. merisier... _____

7. vaches laitières... _____

8. érable... _____

9. pommes de terre... _____

10. mouton... _____

11. pommier... _____

12. vison... _____

13. maïs... _____

14. tabac... _____

15. potasse... _____

16. porc... _____

17. colza... _____

18. pétrole... _____

BANQUE DE MOTS :

acier • aluminium • beurre • cigarettes • compote • essence • engrais • farine • fécule • fourrure • frites • huile • hydro-électricité • jambon • laine • papier • planches • sirop

LA CARTE POSTALE DE RICARDO

 LOGIQUE VOCABULAIRE

*R*icardo est en vacances chez son oncle Carlo, qui possède une ferme en Saskatchewan. Il est très surpris par tout ce qu'il voit et essaie de raconter tout cela à son amie Camille qui vit à Montréal. Seulement voilà, il est très distrait et il a écrit son message tellement vite que Camille a toutes les chances de n'y rien comprendre. Peux-tu recopier ce texte, en remplaçant les mots en gras par ceux proposés dans la banque ?

Bonjour Camille,

Jeu puis en vacances **nez bon** oncle Carlo. **Ma femme** est immense. Ici, **sans les** Prairies, on **culmine** du blé, de l'orme et de l'antoine. Il n'y a **fresque** pas d'armes.

J'ai **bu** des antilopes. Elles **sont** la **bourse** avec les **toitures**.

La **bedaine** prochaine, nous irons **boire** Régina, la **cathédrale**.

Ricardo.

BANQUE DE MOTS :

arbres • avoine • capitale • chez • course • cultive • dans • ferme • font • je • mon • orge • presque • sa • semaine • suis • voir • voitures • vu

LES FLEURS SAUVAGES

 BOTANIQUE VOCABULAIRE

*E*lles poussent partout au Canada : dans les jardins et dans la campagne, sur le flanc des collines et dans les champs. Les enfants aiment en faire des bouquets.

Voici le nom de dix fleurs dont les lettres sont données dans le désordre. En prime, dans les cases grises, tu trouveras le nom d'une onzième fleur rose et très odorante, fort appréciée des papillons monarques. Aide-toi des petites définitions pour trouver le nom des fleurs.

1. EMATRIGREU
2. TPIISLSNE
3. CNOHDAR
4. ETLFRE
5. GUMTEU
6. PULIN
7. TERLIL
8. MEDORUAT
9. ROBODNTOU
10. VEAMU

Définitions :
1. Je t'aime, un peu, beaucoup, passionnément, à la folie...
2. Les amateurs de belles pelouses le traquent.
3. Qui s'y frotte, s'y pique !
4. Ceux qui ont quatre feuilles portent bonheur et ses fleurs sont sucrées.
5. Ses petites clochettes blanches sont très parfumées.
6. C'est aussi le nom d'un célèbre cambrioleur, de son prénom Arsène.
7. Comme son nom l'indique, elle n'a que trois pétales, blancs ou rouges.
8. On la trouve aussi dans les hambourgeois, étalée sur le pain.
9. Quand on met le nez dedans, il en ressort tout jaune.
10. C'est du violet, avec beaucoup de blanc dedans.

DES OURS FOUS, FOUS, FOUS !

OBSERVATION

C'est à Cap Churchill, au Manitoba, que l'on rencontre un des plus forts rassemblements d'ours polaires de notre planète. Les chercheurs de tous les continents viennent les regarder vivre en famille. Sur cette affiche qui représente un groupe d'ours, il y a huit détails qui clochent et qui vont à l'encontre des normes de sécurité. Peux-tu les trouver ?

LES MYSTÈRES DU GRAND NORD CANADIEN

GÉOGRAPHIE  ZOOLOGIE

*L*e Grand Nord est un immense territoire quasi désertique, royaume incontesté de l'hiver et du froid. Pourtant, paradoxalement, durant le court été arctique, la vie y fleurit comme un miracle et on y trouve de très nombreuses espèces d'oiseaux et de mammifères, sans compter les insectes qui y pullulent. Les questions qui suivent te permettront de tester tes connaissances et t'apprendront, peut-être, quelques faits insolites sur le Grand Nord.

1. Le record de la température la plus froide en Amérique du Nord a été enregistré au Yukon. Quel est-il ?

   A : – 48 °C B : – 63 °C D : – 79 °C

2. Les icebergs sont d'immenses morceaux de glace qui se détachent des glaciers et dérivent dans la mer vers le Sud. Il y en a combien chaque année ?

   A : de 3 à 5000 B : de 5 à 10 000 C : de 10 à 15 000

3. Durant l'été, les moustiques prolifèrent dans le Grand Nord. Exposé à leurs piqûres, un humain sans vêtements pourrait mourir en combien de temps ?

   A : 2 heures B : 5 heures 30 C : 8 heures

4. L'ours blanc a développé des stratégies de chasse dont les humains se sont inspirés. Ce qu'il préfère manger, c'est la graisse de ses proies. Combien de kilos peut-il en dévorer en un seul repas ?

   A : 18 kg B : 35 kg C : 45 kg

5. Oiseau semblable à une hirondelle, la Sterne arctique est une fameuse migratrice. Annuellement, elle effectue un voyage de combien de kilomètres ?

   A : 15 000 km B : 35 000 km C : 40 000 km

6. Pourchassée par les chasseurs, la baleine boréale a presque été exterminée. Combien en reste-t-il dans le monde entier ?

   A : de 3 à 400 B : de 3 à 4000 C : de 30 à 40 000

7. Le caribou est un animal incroyablement résistant. Un de ses principaux moyens de défense est sa rapidité. Quelle est sa vitesse de pointe ?

   A : 50 km/h B : 70 km/h C : 80 km/h

8. Presque toutes les espèces d'oiseaux que l'on rencontre dans le Grand Nord sont migratrices. Combien d'espèces restent là toute l'année ?

   A : moins de 10 B : moins de 20 C : moins de 30

LES MAMMIFÈRES MARINS

ZOOLOGIE   VOCABULAIRE

*L*es mers canadiennes sont incroyablement riches. Elles sont parmi les plus peuplées au monde. Les mammifères marins y abondent, sur les côtes et en pleine mer.

Dans la grille qui suit, se cachent sept mammifères marins. Tu n'as qu'à remettre les lettres dans le bon ordre. En prime, dans les cases grises, tu trouveras le nom d'un petit carnivore terrestre dont la robe change au fil des saisons.

1. PEUQHO
2. LEINABE
3. ROEQU
4. MESRO
5. TORAIE
6. LAVRAN
7. GALEBU

Définitions :

1. S'il naît tout blanc, son bébé s'appelle un blanchon.
2. C'est le plus grand mammifère marin qui existe.
3. Cette petite baleine noire et blanche est très intelligente.
4. Il a deux grandes défenses d'ivoire et aime paresser sur les rochers, au soleil.
5. Contrairement à son cousin le phoque, elle a de petites oreilles.
6. On a longtemps cru que sa défense en spirale appartenait à la licorne.
7. Autrefois, à cause de son chant, les marins l'appelaient le « canari des mers ».

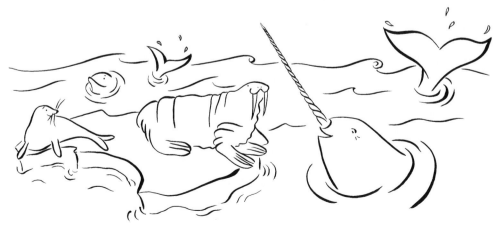

À MAIN LEVÉE

ARTS PLASTIQUES   OBSERVATION

*S*pécialement pour les amateurs d'arts plastiques qui n'ont pas les yeux et le crayon dans leur poche, voici trois dessins à reproduire. Observe-les bien et compte soigneusement les petits carreaux afin de reproduire harmonieusement les motifs. Ce n'est pas aussi difficile que ça en a l'air. Ensuite, colorie tes frises avec de belles couleurs.

Le papillon :

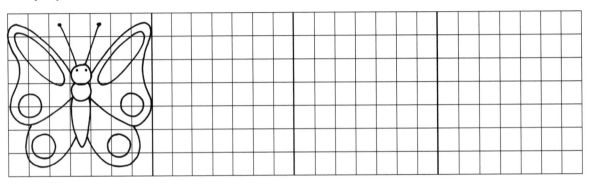

La coccinelle :

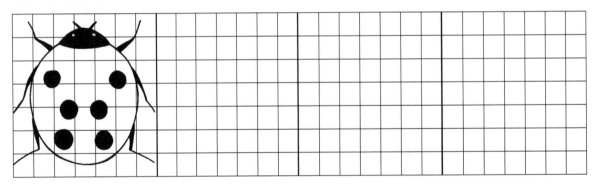

L'oie des neiges :

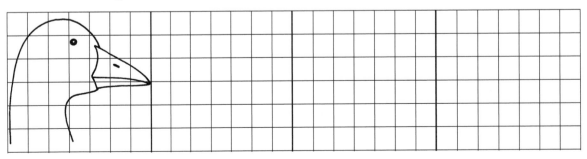

POÈME POUR UN GOÉLAND

 LOGIQUE  VOCABULAIRE

*Q*ui ne connaît pas ce grand oiseau blanc et gris planant avec majesté au-dessus des vagues de la mer et hantant les dépotoirs en grandes colonies qui font penser à d'immenses tempêtes de neige ?

Il y a plusieurs espèces de goélands au Canada. Le poème qui suit parle du plus commun d'entre eux. Sur chaque ligne, il y a un blanc. Avec les mots de la banque, reconstitue le poème en entier. Les tirets correspondent au nombre de lettres des mots manquants. Sers-toi de ta logique, de ton imagination et de ce que tu sais sur les goélands.

Décontracté, _ _ _ _ _ et serein,

Je me glisse dans les _ _ _ _ _ _ _ _ d'air.

Mon jacassement joyeux et _ _ _ _ _

Rappelle souvent mer et _ _ _ _ _ _ _ _ .

_ _ _ _ _ _ _ _ , on peut me voir aussi

Survolant les grands _ _ _ _ _ _ _ _ vagues

Où s'entassent les rebuts _ _ _ _ .

Je fais _ _ _ _ _ _ _ _ dans les poubelles.

Est-ce mal si elles me _ _ _ _ _ _ _ _ _ _ _ ?

J'ai appris à _ _ _ _ _ _ de tout :

Frites, _ _ _ _ _ _ et papiers gras

Mais je nettoie aussi les _ _ _ _ _ _

Des _ _ _ _ _ _ _ vomis par les vagues

Comme un éboueur des _ _ _ _ _ _

Un Goéland à _ _ _ cerclé.

(Poème inédit d'Angèle Delaunois)

BANQUE DE MOTS :

bec • bombance • calme • clair • conviennent • courants • déchets • gris • manger • marées • pizzas • plages • pourtant • terrains • vacances

LE CANADA, C'EST LES SPORTS D'HIVER !

 VOCABULAIRE OBSERVATION

Durant les vacances d'hiver, Camille et Charles sont aux sports d'hiver dans les Rocheuses, à Whistler, près de Vancouver. C'est grandiose ! Observe bien le dessin ci-dessous. Peux-tu trouver au moins 20 mots (objets, animaux ou actions) qui commencent par la lettre S. C'est facile ! 25, 30 mots, c'est beaucoup mieux. Nous avons réussi à en illustrer 36.

DES PICAS FOUS, FOUS, FOUS

OBSERVATION   ZOOLOGIE

*L*e pica d'Amérique est un joli petit mammifère peu connu, appartenant à la même famille que les lapins et les lièvres. Il vit dans les montagnes à 2 ou 3 000 mètres d'altitude. Au Canada, on le rencontre dans les Rocheuses. C'est un animal prévoyant qui fait ses provisions pour l'hiver en cueillant des herbes et des fleurs sauvages qu'il étale sur des pierres pour les faire sécher au soleil. Ensuite, il les engrange dans son terrier pour passer l'hiver sans problème.

Sur ce dessin représentant plusieurs picas dans leur environnement naturel, il y a huit détails qui évoquent la présence d'humains. Peux-tu les encercler ?

MESSAGE EN MORSE POUR UNE ORQUE

ZOOLOGIE

Alexandra Morton est une scientifique qui vit en Colombie-Britannique. Depuis des années, elle étudie et photographie les familles d'orques qui vivent dans les eaux environnantes et elle a été témoin des aventures de ces petites baleines. Elle est même devenue amie avec certaines d'entre elles.

Voici quelques lignes, extraites d'un de ses livres, où elle raconte la naissance de Siwiti, une petite orque. Nous l'avons écrite en morse. À toi de la traduire en t'aidant de l'alphabet morse illustré ci-dessous.

••- -• • / •--• • - •• - • / --- •-• --•- •• • / ••• • /

-•• • -••• •- - - • -•• / •- / •-•• •- / ••• •• - •-• • - -•- • /

-•• • / •-•• •- ••- / • -• / - • -• - •- -• - /

-•• • ••• • ••• •--• • •-• • -- • -• - /

-•• •- ••• - • •-•• • •-• /-•• • / •-•• •- •• •-• /

ALPHABET MORSE :

A	B	C	D	E	F	G	H	I	J	K	L	M
•-	-•••	-•-•	-••	•	••-•	--•	••••	••	•---	-•-	•-••	--

N	O	P	Q	R	S	T	U	V	W	X	Y	Z
-•	---	•--•	--•-	•-•	•••	-	••-	•••-	•--	-••-	-•--	--••

LES RECORDS DES MAMMIFÈRES DU CANADA ▼▼▼

ZOOLOGIE

*L*a faune du Canada n'a rien à envier à celle des autres pays. Souvent méconnue, elle recèle pourtant des merveilles insoupçonnées. Les questions qui suivent te permettront de tester tes connaissances concernant les mammifères qui nous entourent et, ensuite, tu pourras poser des colles à tous les gens que tu connais.

1. Le rat surmulot, qu'on appelle aussi rat d'égout ou encore « cauchemar des humains », a une capacité de reproduction effarante. Dans des conditions idéales, combien de descendants pourrait avoir un seul couple de rats en 3 ans ?

   A : 5 millions   B : 10 millions   C : 20 millions

2. À leur naissance, les petits de l'ours noir ne sont pas plus gros que des écureuils. Quel est leur poids approximatif ?

   A : de 200 à 300 gr   B : 1 kilo   C : 2 à 3 kilos

3. La loutre de rivière est une bonne vivante qui s'amuse beaucoup à glisser sur la glace. À quelle vitesse glisse-t-elle ?

   A : 12 km/h   B : 25 km/h   C : 50 km/h

4. Le loup-cervier est exclusivement carnivore. Le lièvre est son principal gibier. Combien de lièvres peut-il manger durant l'année ?

   A : 75   B : 150   C : 200

5. Le castor construit des barrages plus ou moins longs. Quel est le record de longueur pour un barrage de castor ?

   A : 250 mètres   B : 480 mètres   C : 820 mètres

6. Le cerf de Virginie trouve souvent son salut dans la fuite. Quelle est sa vitesse de pointe ?

   A : 50 km/h   B : 60 km/h   C : 70 km/h

7. Lorsqu'elle hiberne, l'ourse polaire peut dormir très longtemps, surtout si elle attend des oursons. Combien de temps peut durer son sommeil ?

   A : de 90 à 100 jours   B : de 120 à 140 jours   C : de 160 à 170 jours

8. L'écureuil roux est prévoyant et amasse des provisions pour l'hiver dans des cachettes que lui seul connaît. Combien a-t-on déjà trouvé de kilos de nourritures diverses dans une de ces caches ?

   A : 125 kg   B : 150 kg   C : 225 kg

LE REFLET DE LA FEUILLE D'ÉRABLE

ARTS PLASTIQUES OBSERVATION

*N*ous avons dessiné la feuille d'érable du drapeau canadien sur un fond quadrillé. Essaie de la reproduire dans la partie inférieure, laissée libre. À ton choix, tu peux la dessiner à l'endroit ou à l'envers, comme un reflet dans l'eau, ce qui est un peu plus difficile. Attention ! Compte soigneusement les petits carreaux. Ensuite, colorie le tout selon ton inspiration. Recommence le tout sur la partie laissée libre, à droite.

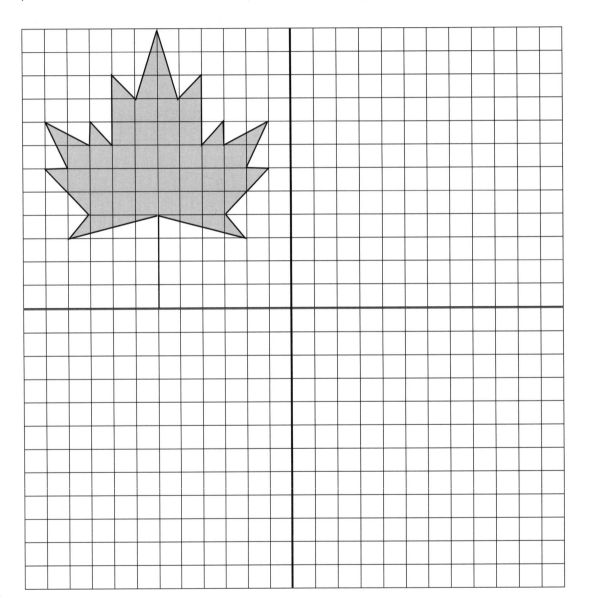

Jeu 1

Charlottetown est la capitale de l'île-du-Prince-Édouard.

Edmonton est la capitale de l'Alberta.

Frédéricton est la capitale du Nouveau-Brunswick.

Halifax est la capitale de la Nouvelle-Écosse.

Ottawa est la capitale du Canada.

Québec est la capitale du Québec.

Régina est la capitale de la Saskatchewan.

Saint-Jean est la capitale de Terre-Neuve.

Victoria est la capitale de la Colombie-Britannique.

Whitehorse est la capitale du Territoire du Yukon.

Winnipeg est la capitale du Manitoba.

Yellowknife est la capitale des Territoires du Nord-Ouest.

Jeu 2

Le monarque est un papillon orange et noir. En reliant les points, on dessine sa silhouette.

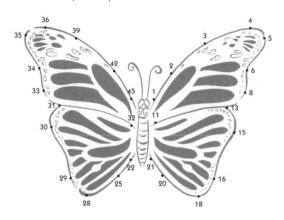

Jeu 3

1. le porc-épic
2. l'antilope d'Amérique
3. le loup
4. le raton laveur
5. le cerf de Virginie
6. le mouflon d'Amérique
7. le bison
8. le castor
9. la moufette rayée
10. l'écureuil roux
11. le lièvre d'Amérique
12. la marmotte commune

Jeu 4

Jeu 5

10. roi	20. voie
12. pin, roc	21. coin, rien
13. porc	23. poivre
14. pore, voir	24. noce, porcin, vice
15. pion, vin	26. ovine
16. pire	28. rince
18. ovin	29. prince
19. vire, rive, poire	32. porcine

Jeu 6

macareux • madame • magnétophone • maillot • main • maïs • maison • mallette • manche • mandoline • maquereau • marchand • marchandise • marche • marée • marguerite • marin • marina • maringouin • marmotte • marteau • martin-pêcheur • masque • mât • matelas • médaille • melon • mésange • midi • miette • minijupe • mocassin • montgolfière • montre • morue • moto • mouette • moule • moustache • mulot • musique

Jeu 7

1.	marmotte	9.	âne
2.	vache	10.	taupe
3.	veau	11.	bison
4.	lapin	12.	loir
5.	vison	13.	souris
6.	cerf	14.	belette
7.	loup	15.	mouton
8.	baleine	16.	porc

Jeu 8

1. rouge et blanc
2. Ottawa
3. l'océan Atlantique
4. l'océan Pacifique
5. les États-Unis
6. les Rocheuses
7. l'océan Arctique
8. l'Île-du-Prince-Édouard
9. le fleuve Saint-Laurent
10. le Québec
11. l'Ontario
12. le deuxième rang

Jeu 9

L'équipement de Fred ne contient pas de baladeur et il n'y a que deux paires de chaussettes. Tout le reste est là.

Jeu 10

Le mot qui complète la série est JUMELLES car il commence par un J. Les autres mots commencent par A (arbre), B (bison), C (castor), D (dalmatien), E (écureuil), F (fougère), G (grenouille), H (hirondelle), I (ibis)

Jeu 11

Poème pour un dindon

Ma petite **tête** bleu et rose
Domine fièrement mon corps **pesant**
Au **plumage** sombre et chatoyant.
Pour l'amour de **mes** compagnes
Je chante des **glouglous** sonores
Et déploie la roue de ma **queue.**
Autrefois nous étions nombreux
À parcourir les grands **boisés**
De l'**Amérique** inexplorée.
Devenu oiseau **domestique**
Je suis le **roi** de toutes les fêtes
Et termine **souvent** ma vie brève
Dans les assiettes de **Noël**
Car c'est **dindon** que l'on m'appelle.

Jeu 12

cerf de Virginie

chien

corneille

lièvre d'Amérique

orignal

ours noir

raton laveur

Jeu 13

Pièce de 1 cent = une feuille d'érable
Pièce de 5 cents = un castor
Pièce de 10 cents = le voilier *Bluenose*
Pièce de 25 cents = le caribou
Pièce de 1 dollar = le Huard à collier
Pièce de 2 dollars = l'ours polaire
Billet de 5 dollars = le Martin-pêcheur
Billet de 10 dollars = le Balbuzard ou Aigle pêcheur
Billet de 20 dollars = le Huard à collier
Billet de 50 dollars = le Harfang des neiges
Billet de 100 dollars = la Bernache du Canada

Jeu 14

1. esturgeon noir
2. raie
3. crabe
4. crevette
5. flétan
6. éperlan
7. homard
8. sébaste
9. pétoncle
10. morue
11. capelan
12. saumon
13. maquereau
14. aiglefin
15. thon
16. hareng
17. calmar
18. plie

Jeu 15.

Le mot à trouver est PISSENLIT

Q	C	B	E	E	N	I	P	E	B	U	A
U	E	A	R	P	I	S	I	P	A	H	S
E	D	R	A	T	U	O	M	L	M	O	C
N	R	D	B	R	A	S	B	A	B	U	L
O	E	A	L	O	E	E	I	N	O	X	E
U	R	N	E	F	L	E	N	T	U	L	P
I	E	E	T	I	U	I	A	A	R	I	I
L	Y	N	H	A	O	T	L	I	I	S	A
L	O	I	E	R	B	R	T	N	Z	E	D
E	N	G	I	V	F	O	U	G	E	R	E
T	I	L	L	E	U	L	A	Z	L	O	C
A	I	L	E	U	Q	I	L	E	G	N	A

Jeu 16

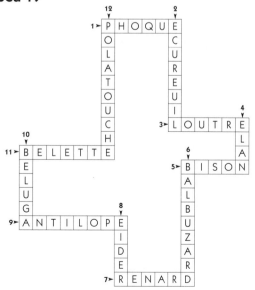

Jeu 17

Le mot à trouver est MOISIE.

T	N	E	R	U	A	L	T	N	I	A	S
A	S	S	I	N	I	B	O	I	N	E	A
T	M	E	I	Z	N	E	K	C	A	M	I
H	C	H	U	R	C	H	I	L	L	P	N
A	S	I	A	U	O	A	T	U	O	E	T
B	E	D	N	A	R	G	A	L	X	R	J
A	F	R	A	S	E	R	O	I	I	I	E
S	W	O	B	Y	N	A	B	L	A	B	A
C	S	I	K	S	I	N	I	W	P	O	N
A	E	L	P	O	R	C	U	P	I	N	E
A	B	M	U	L	O	C	B	A	C	K	
M	U	A	C	S	I	P	A	I	N	A	C

Jeu 18

eau • ébouriffé • ébullition • écharpe • échelle • écorce • écoulement • écriteau • écureuil • écumoire • élan • élastique • éléphant • embusqué • empreinte • endormi • enneigé • enseignante • entaille • entrée • enveloppe • épagneul • épingle • éponge • érable • érablière • escargot • étagère • étoile • étiquette • étourneau • étui • évaporation • éventail

Jeu 19

Across:
1. PHOQUE
3. LOUTRE
11. BELETTE
5. BISON
9. ANTILOPE
7. RENARD

Down:
12. POLATOUCHE
2. ECUREUIL
4. ELAN
10. BELUGA
6. ALBUZARD
8. EIDER

SOLUTIONS

Jeu 20

1. Ce n'est pas à un vieux singe... qu'on apprend à faire des grimaces.
2. Il faut hurler... avec les loups.
3. Un bon renard ne mange... jamais les poules de son voisin.
4. Une hirondelle ne fait... pas le printemps.
5. Petit à petit... l'oiseau fait son nid.
6. On ne prend pas les mouches... avec du vinaigre.
7. Il ne faut pas vendre la peau de l'ours... avant de l'avoir mis à terre.
8. On n'engraisse pas les cochons... avec de l'eau claire.
9. La faim fait sortir... le loup du bois.
10. Qui vole un œuf... vole un bœuf.
11. Il ne faut pas courir... deux lièvres à la fois.
12. Il ne faut pas tuer la poule... pour avoir l'œuf.

Jeu 21

Voici le message : « LA CORNE DE LICORNE QUE JE T'ENVOIE PROVIENT D'UNE PETITE BALEINE NORDIQUE APPELÉE NARVAL. NE LE RÉPÈTE À PERSONNE ! »

Jeu 22

1. CAPITALE
2. DIX
3. ATLANTIQUE
4. VICTORIA
5. NIAGARA
6. TORONTO

La devise du Canada est :
« D'UN OCÉAN À L'AUTRE »

Jeu 23

1. explorateur et découvreur
2. gérante et gestionnaire
3. écrivaine et auteur
4. agriculteur et cultivatrice
5. médecin et docteure
6. marin et matelot
7. avocate et plaideur
8. instituteur et enseignante
9. traiteur et restauratrice
10. chercheur et professeur
11. informaticienne et programmeur
12. facteur et livreur
13. fleuriste et horticultrice.

Jeu 25

1. le huart
2. la feuille d'érable
3. la pomme de terre
4. le français et l'anglais
5. le castor
6. dix
7. deux
8. Terre-Neuve et l'Île-du-Prince-Édouard
9. les Prairies
10. non, c'est Victoria
11. les Premières Nations ou encore les Amérindiens
12. les Appalaches

Jeu 26

Le mot à trouver est ARAIGNÉE

Jeu 27

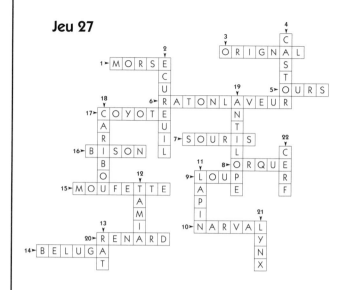

Jeu 28

Le message de la baie de Fundy est le suivant :
« ICI NOUS AVONS LES PLUS HAUTES MARÉES DU MONDE »

Jeu 29

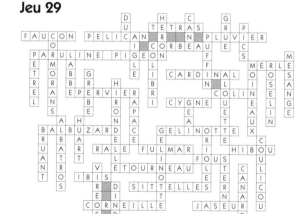

Jeu 30

1. CANE
2. CANOT
3. CANIF
4. CANADA
5. CANARI
6. CANARD
7. CANETTE
8. CANADAIR
9. CANNEBERGE
10. CANADIENNE
11. CANDÉLABRE
12. CANADIANISME

Jeu 31

lac • lacet • lait • laitue • lame • lampe • lapin • lapereau • lanterne • larme • langue • légume • lézard • lierre • lime • lis • liquide • livre • liste • lit • litre • lombric • loir • lotion • loup • loupe • loutre • lucarne • lune • lunette • lutrin • luth

Jeu 32

1. baobab
2. mil
3. orchidée
4. banane
5. gombo
6. patate douce
7. café
8. vanille

Jeu 33

1. (vert • glas) VERGLAS
2. (poudre • riz) POUDRERIE
3. (temps • pet) TEMPÊTE
4. (nez • V) NÉVÉ
5. (avale-hanche) AVALANCHE
6. (floc • on) FLOCON

Jeu 35

1. l'Hirondelle rustique
2. le Grand-duc d'Amérique
3. le Colibri à gorge rubis
4. le Pygargue à tête blanche
5. le Merle d'Amérique
6. le Moineau domestique
7. le Grand Héron
8. le Cygne siffleur
9. le Geai bleu
10. le Huart à collier
11. le Canard colvert
12. la Sittelle à poitrine rousse

Jeu 36

La devise du Saint-Laurent est : « ON NE SE BAIGNE JAMAIS DEUX FOIS DANS LE MÊME FLEUVE »

SOLUTIONS

Jeu 37

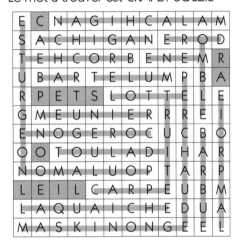

Jeu 38

Le mot à trouver est CRAPET-SOLEIL

Jeu 39

1.	HIVERNER	8.	VOYAGER
2.	S'ENVOLER	9.	CRIER
3.	PONDRE	10.	NICHER
4.	NAGER	11.	MIGRER
5.	DÉFENDRE	12.	PARTIR
6.	CONSTRUIRE	13.	NOURRIR
7.	COUVER	14.	MARCHER

Jeu 40

1. Océan Pacifique
2. Alaska
3. Territoire du Yukon
4. Territoires du Nord-Ouest
5. Baie d'Hudson
6. Colombie-Britannique
7. Alberta
8. Saskatchewan
9. Manitoba
10. Ontario
11. Québec
12. Terre-Neuve
13. Île-du-Prince-Édouard
14. Nouveau-Brunswick
15. Nouvelle-Écosse
16. Océan Atlantique
17. États-Unis

Jeu 41

1.	panda	5.	impala
2.	chacal	6.	hyrax
3.	guépard	7.	mangouste
4.	yack	8.	girafe

Jeu 42

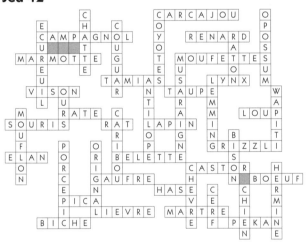

Jeu 43

1.	MONTRÉAL	8.	SUDBURY
2.	GANDER	9.	MATAGAMI
3.	SASKATOON	10.	RIMOUSKI
4.	CALGARY	11.	KAMLOOPS
5.	VANCOUVER	12.	SHERBROOKE
6.	JASPER	13.	KENORA
7.	THUNDERBAY		

Jeu 44

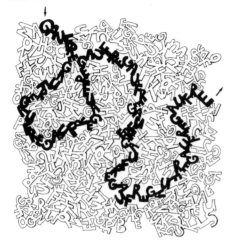

Jeu 45

Jeu 46

1. COURIR
2. GALOPER
3. RAMPER
4. BROUTER
5. FOLÂTRER
6. BÊLER
7. BONDIR
8. MIGRER
9. BOIRE
10. SAUTER
11. PROTÉGER
12. SURVEILLER
13. DÉFENDRE
14. NAGER

Jeu 47

Le message de fumée est le suivant : « N'OU-BLIE PAS D'ACHETER DU BACON À L'ÉPICERIE ».

Jeu 48

1. bauxite = aluminium
2. eau = hydro-électricité
3. épinette = papier
4. fer = acier
5. blé = farine
6. merisier = planches
7. vaches laitières = beurre
8. érable = sirop
9. pommes de terre = frites
10. mouton = laine
11. pommier = compote
12. vison = fourrure
13. maïs = fécule
14. tabac = cigarettes
15. potasse = engrais
16. porc = jambon
17. colza = huile
18. pétrole = essence

Jeu 49

Le texte correct est le suivant :
« Bonjour Camille,

Je suis en vacances **chez mon** oncle Carlo. **Sa ferme** est immense. Ici, **dans** les Prairies, on **cultive** du blé, de l'**orge** et de l'**avoine**. Il n'y a **presque** pas d'**arbres**. J'ai **vu** des antilopes. Elles **font** la **course** avec les **voitures**. La **semaine** prochaine, nous irons **voir** Régina, la **capitale**. Ricardo »

Jeu 50

1. MARGUERITE
2. PISSENLIT
3. CHARDON
4. TRÈFLE
5. MUGUET
6. LUPIN
7. TRILLE
8. MOUTARDE
9. BOUTON D'OR
10. MAUVE

Dans les cases grises, on trouve le mot ASCLÉPIADE.

SOLUTIONS

Jeu 51

1. Un ours lèche une canette d'aluminium.
2. Un photographe se promène au milieu des ours.
3. Un ourson a une écharpe nouée autour du cou.
4. Un touriste est en costume de bain alors que les autres sont emmitouflés.
5. Un enfant caresse un ourson à côté de la mère ourse.
6. Un des plus gros ours est chaussé d'espadrilles.
7. Un ours danse au son d'un baladeur qu'il porte sur ses oreilles.
8. Un mécanicien répare sa motoneige à côté des ours.

Jeu 52

1 = B	5 = B
2 = C	6 = B
3 = A	7 = C
4 = C	8 = A

Jeu 53

1. PHOQUE	5. OTARIE
2. BALEINE	6. NARVAL
3. ORQUE	7. BÉLUGA
4. MORSE	

Dans les cases grises on trouve le mot HERMINE

Jeu 55

Poème pour un goéland

Décontracté, **calme** et serein,
Je me glisse dans les **courants** d'air.
Mon jacassement joyeux et **clair**
Rappelle souvent mer et **vacances**.
Pourtant, on peut me voir aussi
Survolant les grands **terrains** vagues
Où s'entassent les rebuts **gris.**
Je fais **bombance** dans les poubelles.
Est-ce mal si elles me **conviennent** ?
J'ai appris à **manger** de tout :
Frites, **pizzas** et papiers gras.
Mais je nettoie aussi les **plages**
Des **déchets** vomis par les vagues
Comme un éboueur des **marées**
Un Goéland à **bec** cerclé.

Jeu 56

sabot • sabre • sacoche • saint-bernard • salut • sandwich • sapin • sapinière • saucisse • saumon • saut • scie • scorpion • secouriste • sel • semelle • sept • serpe • sifflet • sittelle • ski • slalom • soleil • souche • soucoupe • soupe • source • sourire • souris • spirale • sport • stylo • sucrerie • sud • surf des neiges • surveillant

Jeu 57

1. Le pica porte un collier.
2. Une canette de boisson gazeuse a été jetée sur le sol.
3. Un sandwich à moitié mangé est oublié sur une pierre.
4. Un journal est coincé entre deux rochers.
5. Un panneau indicateur flèche une piste de randonnée pédestre.
6. Dans le ciel, on aperçoit un avion.
7. Un chapeau est suspendu à la branche d'un arbuste.
8. On aperçoit une tête, avec des jumelles, cachée entre deux rochers.

Jeu 58

Le message en morse est le suivant : « UNE PETITE ORQUE SE DÉBATTAIT À LA SURFACE DE L'EAU EN TENTANT DÉSESPÉRÉMENT D'AVALER DE L'AIR. »

Jeu 59

1 = C	5 = C
2 = A	6 = B
3 = B	7 = C
4 = C	8 = A